阿酒先生　廖家乐　编著

化学工业出版社
·北京·

图书在版编目（CIP）数据

麻将酒式打法 / 阿酒先生, 廖家乐编著. —北京: 化学工业出版社, 2022.7
ISBN 978-7-122-41221-8

Ⅰ.①麻⋯ Ⅱ.①阿⋯ ②廖⋯ Ⅲ.①麻将—基本知识 Ⅳ.①G892.2

中国版本图书馆CIP数据核字(2022)第062677号

责任编辑：史　懿　　　　　装帧设计：溢思视觉设计／程超　盟诺文化
责任校对：田睿涵

出版发行：化学工业出版社　（北京市东城区青年湖南街13号　邮政编码100011）
印　　装：天津图文方嘉印刷有限公司
710mm×1000mm　1/16　印张6　字数60千字　2022年7月北京第1版第1次印刷

购书咨询：010-64518888　　　　　售后服务：010-64518899
网　　址：http://www.cip.com.cn
凡购买本书，如有缺损质量问题，本社销售中心负责调换。

定　　价：49.80元　　　　　　　　　　　　　　　　　版权所有　违者必究

前言

麻将起源于我国，是我国群众基础非常广的牌类游戏。它集技术、运气于一体，是一种既休闲，又不失紧张刺激的牌戏。

麻将游戏的受众极广，不论男女老少，不问贫富贵贱，不分文化高低，都能在麻将桌上找到自己的一席之地，展开一场斗智斗勇的较量。在现代社会，人们大多过着快节奏的生活，生活压力很大。在闲暇时间打打麻将，既能活动大脑，让自己的大脑从日常的程序中解脱出来，又能和亲朋好友增进感情。因此，适度打打麻将是很有益处的。

凡事入门之后，都要求精进。尤其是像打麻将这样融谋略、战术、心理于一体的智力游戏。麻将易学难精，其基本规则极为简单，但进阶技术非常复杂，考验着牌手的记忆力、决策力，甚至是勇气和毅力。在牌姿好的时候，要有放手一搏的勇气，争取赢大牌；在牌姿差的时候，要懂得怎样规避风险，防止放炮，把损失降到最低。当听牌成险张甚至绝张的时候，能改听则改听，改不了也不能慌乱，要能背水一战……那么，怎样才能不错失大牌？怎样才能防止放炮？怎样才能绝处逢生、化险为夷呢？这些重要的技术，当然可以在实战中慢慢摸索，但现在，您有了一条通向麻将高手的捷径——就是本书。

  一山有四季，十里不同天。我国各地有不同的文化，也就产生了各种不同的麻将玩法。可以说，我国中东部几乎所有的省份或地区都有自己的麻将玩法。目前国内正式的竞赛麻将采用的是《中国麻将竞赛规则》，本书主要讲解在此规则下的麻将玩法，以及目前国内网络麻将游戏中流行的血战到底玩法，研究它们的听牌与和牌方法，帮您把握住获胜的机会。

  麻将原本是一项承载了中华传统文化的游戏，却被一些不法之徒用来当作赌博的工具，使得这项娱乐活动蒙上了一层阴影。在这里笔者想说，麻将是我国正式竞赛项目，打麻将不等于赌博。希望读者通过合法的形式进行游戏，提高牌技，拒绝赌博。

  本书编写过程中，得到"JJ比赛"平台支持，并得到于光远先生，尹小玲女士，网友智慧信仰、朝阳山人、andydm、梁并并的帮助，在此表示感谢。书中如有不足之处敬请谅解。

阿酒先生 廖家乐
2022年5月

目 录

第一章　麻将的起源…………………… 1

第二章　竞赛麻将玩法………………… 5

　一、麻将的牌种………………………… 5

　　1. 万牌 ………………………………… 5

　　2. 条牌 ………………………………… 5

　　3. 筒牌 ………………………………… 6

　　4. 字牌 ………………………………… 6

　　5. 花牌 ………………………………… 6

　二、麻将的游戏过程…………………… 7

　三、竞赛麻将的计番方式……………… 9

第三章　血战到底玩法…………………27

第四章　听牌……………………………46

　　1. 听一张牌 …………………………… 46

　　2. 听两张牌 …………………………… 47

　　3. 听三张牌 …………………………… 47

　　4. 听四张牌 …………………………… 48

　　5. 听五张牌 …………………………… 49

6. 听六张牌 ………………………………………… 50
7. 听七张牌 ………………………………………… 52
8. 听八张牌 ………………………………………… 53
9. 听九张牌 ………………………………………… 53

第五章　酒式打法和牌要诀 …………… 54
一、技巧类 ………………………………… 54

1. 头牌少吃碰 ……………………………………… 54
2. 牌从当面过，不如摸一个 ……………………… 55
3. 入局看三家 ……………………………………… 57
4. 开局看三张 ……………………………………… 57
5. 金三银七，骨架可喜 …………………………… 58
6. 消根要趁早 ……………………………………… 58
7. 生张要早打 ……………………………………… 59
8. 熟张要先打 ……………………………………… 60
9. 好张先打，先打无吃 …………………………… 60
10. 先打幺，后打缺 ………………………………… 61
11. 先打字，后打对 ………………………………… 62
12. 慎吃第三搭 ……………………………………… 62
13. 不可妄吃，不可乱碰 …………………………… 63
14. 要张联络，方易求和 …………………………… 63
15. 诛牌不到底 ……………………………………… 67
16. 牌弱要打生死张 ………………………………… 67
17. 戒剩单骑 ………………………………………… 68
18. 双碰不如一嵌 …………………………………… 68
19. 牌脚越长越好打 ………………………………… 68
20. 吃和必叫熟，自摸须待生 ……………………… 69

21. 摸八没和牌，出牌要防炮 …………… 69

22. 四副倒地，必钓尖张 …………………… 70

23. 空城巧计 ………………………………… 70

二、战术类 …………………………………… 70

1. 人旺我乱碰 ……………………………… 70

2. 付付求和，败可立见 …………………… 71

3. 牌可以输，牌品不可以输 ……………… 71

4. 扬黑抑红 ………………………………… 71

5. 当庄不做牌 ……………………………… 72

6. 冷热无常态，隔轮熟变生 ……………… 72

7. 宁弃莫放炮 ……………………………… 72

8. 以和为贵 ………………………………… 73

9. 莫做春秋大梦 …………………………… 78

10. 红黑我自任之 …………………………… 79

附录：常见麻将打法 ……………………… 80

一、北京麻将 ……………………………… 80

二、上海麻将 ……………………………… 81

三、长沙麻将 ……………………………… 81

四、四川麻将 ……………………………… 82

五、宁波麻将 ……………………………… 83

六、天津麻将 ……………………………… 84

七、长春麻将 ……………………………… 84

八、广东麻将 ……………………………… 85

九、武汉麻将 ……………………………… 86

十、台湾麻将 ……………………………… 87

第一章　麻将的起源

麻将是中国古代发明的一种博弈游戏，它一般由136张骨牌组成（即"素麻将"，也有加上8张花牌而成144张的，称"花麻将"），是中国人几百年来风行民间的娱乐游戏。

关于麻将起源的时间，目前尚未有定论，不过一般认为是在明末清初。一般认为，麻将牌源于由马吊牌衍生出的默和牌和碰和牌，牌质也由纸牌演变为竹牌或骨牌。

那么，麻将牌的内容是从何而来呢？说起来很有意思。在古代，各地都有常设的粮仓，用来保证官府日常开支和荒年赈济灾民。但古代生态环境好，麻雀特别多，而储满粮食的粮仓就成了它们重点攻击的目标。再加上保存粮食必须要通风，不可能完全密闭，这就更给了麻雀可乘之机。因此，怎么对付这些偷吃官粮的麻雀，就成了令仓管们头痛的问题。

为了清理雀患，官府决定发动人民来捕鸟，并根据捕鸟的多少来给捕鸟者颁发竹牌，以此记录捕鸟成果，并据此发放奖励。这种竹牌上刻有各种图案，麻将牌上的图案即与此有关。比如，

麻将 酒式打法

麻将牌中的"万"指的就是捕麻雀的赏钱，数字是几万就是指几万枚钱；"条"就是拴麻雀的绳子；"筒"则是打鸟用的火药枪的横截面。打鸟须注意风向，因此有东南西北四风牌；红中即射中之意，发财即领赏，白板则是放空枪。还有麻将牌的术语也与其有关，"吃"即吃雀鸟，"碰"即开枪"砰"的声音，"和"则与"鹘"同音，是一种捕雀的猎鹰。另外，小鸟直接出现在麻将牌中，并代替了一条，也是捕鸟说的一个证明。还有一种说法，说"条"是粮仓的侧视图，"筒"是粮仓的俯视图。

另外，还有一种可信度较低，不过同样有趣的说法。据说在郑和下西洋的时候，由于中国古人根深蒂固的安土重迁观念，多数士兵并不情愿出海，只是迫于命令，才随从郑和出洋。这样远程的航海在中国古代史上都是罕见，这些下层出身的士兵就更是闻所未闻了。在看不到边界的大海上，大家百无聊赖，许多士兵产生了厌倦情绪，他们希望回家，但官家却不允许，士兵们的逆反心理也就越来越强，甚至有人想发动兵变，杀了郑和等人。为了稳定人心，郑和决定发明一种游戏来供大家消遣。他以纸牌、牙牌、牌九为基础，找到了一百多块小木片，在上面刻上了各种图案。比如，有吸引人的钱，也就是"万"字和"发财"；还根据舰船的形状刻了"条"；根据船上的淡水桶设计了"筒"；根据风向设计了东南西北风；又根据这次航行的目的"布国威于四方"设计了红中。最后剩了四块板不知道刻什么，就什么都不刻，也就是白板。游戏发明后，全船人马上被这种新奇的游戏所吸引。在船员中，有一位姓麻的将军玩得最好，于是这种游戏就被称为"麻将军牌"，简称"麻将牌"。

当然了，如此复杂的游戏，不大可能是一个人在短时间内发明的，因此这种说法不大可信。不过，这也是一种很有趣的说法。

总之，无论麻将是怎样被发明出来的，它都是中国古人智慧的结晶，是中华文化中一颗耀眼的明珠。

娱乐是人之本性，无论是中国人还是外国人，游戏是不分国界的。麻将牌在近现代的海外极为风行。在20世纪20年代，随着中国与世界交流的日益频繁，麻将传到海外。一位美国商人用英文编写了麻将规范，并将麻将销售到美国。当时在美国一副麻将可以卖到惊人的500美元。在那个年代，20美元就相当于1盎司（28克左右）黄金，500美元也就是25盎司黄金，大约700克。大家可以看看现在的金价，就知道麻将在当时的外国是多么受人追捧了吧。而且，麻将卖到这么贵，居然在美国卖出了150万副，约有1500万美国人迷上了这项东方游戏。有的太太小姐，每天中午起床，吃完饭，梳妆打扮，两三点准备就绪，呼朋唤友，麻将开场，直到夜半方休。

在欧洲，麻将同样盛行。荷兰是最先学习麻将的国家。20世纪20年代，荷兰成立了一个叫作"荷兰麻将团体"的组织，但是一群人研究来研究去，竟然没搞懂麻将的规则，于是这个团体就解散了。后来，麻将主要是在欧洲民间流行。到了20世纪90年代初，一家名为"第一荷兰麻将社会"的俱乐部才着手组织了第一次大规模的麻将比赛，这项当时唯一的比赛被称为荷兰冠军杯。

日本和中国一衣带水，文化上也有很多相似点，自然对麻将也就很感兴趣。在日本，约有1000万麻将迷。而且，全世界第一座麻将博物馆就坐落在日本。在博物馆中，有各式麻将：中国末代皇帝溥仪用过的"五彩螺钿牌"、为京剧大师梅兰芳特制的戏剧麻将、中国流传到美国的第一副麻将牌、法国制造的竹制牌、加拿大的石头牌等；还有红木麻将桌椅、麻将透视眼镜等用具；美国第一套麻将规则等。现在，中国也有了自己的麻将博物馆，它坐落在宁波。

2005年10月，中、美、日等8个国家成立了世界麻将组织，成员有近30个国家和地区，为非营利性组织，旨在推广麻将运动。现在，世界麻将组织主办的世界麻将锦标赛成为了世界上的麻将爱好者交流的最高平台。这种世界级的大赛既有利于各国人民的文化交流，也有利于中国传播自己的价值观和道德观，让世界更好地了解中国，更有利于麻将这颗历经数百年磨砺的明珠真正从中国走向世界。

《麻将竞赛规则》中曾写到麻将的旨意与精神：入局斗牌，必先炼品，品宜镇静，不宜躁率，得牌勿骄，失牌勿吝，顺时勿喜，逆时勿愁，不形于色，不动乎声，浑涵宽大，品格为贵，尔雅温文，斯为上乘。

在牌场上娱乐，既休闲身心，又颐养性情。翻开下面的麻将玩法，让我们来一起领略麻将的魅力吧！

第二章　竞赛麻将玩法

古时候交通不便，中国各地交流较少，因此各地的麻将玩法也有很大不同。不过，各地麻将其实都是在竞赛麻将（经典麻将）基础上做的改变。

一、麻将的牌种

麻将共144张牌，其中包括108张序数牌、28张字牌、8张花牌（即花麻将）。没有花牌的麻将，称素麻将。序数牌中又分万牌、条牌、筒牌，每种从一至九各4张，共36张。

1. 万牌

2. 条牌

也称索牌。

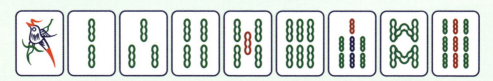

3. 筒牌

也称饼牌。

4. 字牌

东南西北（也称风牌）各4张、中发白（也称箭牌）各4张。

5. 花牌

　　花牌一般为春夏秋冬、梅兰菊竹共8张，也有用数字代指的。花牌在游戏中仅有增加番数的用途，没有其他实际作用，花牌的设计比较自由。下面仅举两例，并不代表全部花牌。

　　一例是标准的八花牌。

　　一例是用数字代指的，省去了文字。

　　以上就是麻将牌的基本牌种。

二、麻将的游戏过程

下面为大家介绍一下麻将行牌的流程和组牌的目标。

麻将是四人游戏，四人围坐方桌前，各居一边。

首先，在玩牌之前，玩者需要先洗牌。在洗牌时，牌全部反扣，玩者双手搓动牌，使牌做均匀无序的运动。

之后需要码牌。码牌时将两张牌反扣叠在一起，称为1墩。每人面前码18墩（打素麻将时，码17墩），四人的牌墙接在一起，成正方形。

一般来说，打麻将需要确定庄家。在民间，一般有摸风定位法和掷骰法。在使用摸风定位法时，拿出东南西北4张风牌，反扣在桌面上，四人随意摸取，摸到东风的就是庄家。在使用掷骰法时，四人轮流掷色子，掷两颗色子的话，先掷到5或9的人为庄；如掷一颗色子，先掷到1或5的人坐庄。另外，也有些地方规定，坐在东面的人就直接为庄家。庄家之外的其他人称闲家或旁家。

之后要开牌，也就是确定抓牌位置。一般的方法是，由庄家掷两颗色子，按照点数确定第二次掷色子的人。由庄家位置起始，逆时针数到掷出的点数，即为第二次掷色子者。第二个人掷出色子后，两次数目相加，从庄家牌墙由右至左数到这个数目，即为开牌处。之后四家轮流从此抓牌。每人每次取两墩。每人抓12张牌后，再由庄家跳牌，即隔一墩，抓上层2张牌，其他人顺着牌墙再各抓1张牌。

之后要整理手牌，以免手牌杂乱无章。如有花牌，应放于自

 酒式打法

己面前，并按相同数目摸取牌墙中的牌。

再往后就是行牌了，也就是开始打牌。初始庄家手牌为14张，其他闲家手牌为13张。首轮庄家打出第一张牌，后面的人轮流摸1张打1张。打麻将的目标是，在摸牌后将手中的14张牌凑成4个朋组加1个对子（特殊牌型除外，见下文番种介绍部分）。朋组既可以是同花色的3张连牌（称为顺子），也可以是同花色的3张（甚至4张，为杠，见下文）一样的牌（称为刻子或坎子）。

在麻将行牌过程中，有吃、碰、杠三种特殊动作。玩有花牌的麻将时，摸到花牌须亮出花牌并补抓1张牌，称作补花。

吃，一般只针对上家。自己有相连的搭子，如手中有三筒、四筒等，上家打出1张自己能成顺子的牌，如五筒，又无人报碰或和，自己可以报吃，拿出自己的2张牌，和吃进的牌放在一起，明牌放于自己面前（即副露）。吃牌后直接打牌，不能摸牌。

碰，针对所有人。自己手中有对子，任意一家打出与对子相同的牌，而又无人报和，自己就可以报碰，拿出自己的对子，和别人打出的牌一同放在自己面前。碰比吃优先，一张牌既有人吃又有人碰，应优先给碰。碰牌后直接打牌，不能摸牌。

杠，分为明杠和暗杠。明杠有两种情况：一种是自己手中有暗刻，有人打出第四张此牌，可以报杠，并将牌亮明；另一种是自己已碰牌，自己又抓到一张一样的牌，可以补杠，直接将此牌置于明刻之上。暗杠是指自己手中有暗刻，自己又抓到相同的牌，即可将四张牌倒扣放在桌面上，不必亮明，即为暗杠。开杠

后应该再抓1张牌。

当自己还差一张即可和牌时，叫作听牌。在普通麻将中，可以报听，也可以不报。如自己已听牌，且有人打出或自己摸到所待牌，即可和牌。有人和牌时，一局结束（四川麻将等采用血战规则的例外，见下文介绍）。如果有人打出一张牌致使他人和牌，他须包赔本局失分，称作"放炮""点炮"或"出铳"。若是有人自摸和牌，三家都须付给他相应的分数。

在麻将和牌中，有大和小和之分，计算大小的方法一般是数番。各地的计番方式有所不同，在此列出国家体育总局规定的竞赛麻将计番方式，供大家参考。

三、竞赛麻将的计番方式

（1）**大四喜**　88番。由4副风刻（杠）组成的和牌。不计圈风刻、门风刻、三风刻、碰碰和。

【例1】

（2）**大三元**　88番。和牌中，有中发白3副刻子。不计箭刻。

【例2】

（3）**绿一色**　88番。由二、三、四、六、八条及"发"字中的任何牌组成的顺子、刻子、将牌的和牌。不计混一色。如无"发"字组成的和牌，可计清一色。

【例3】

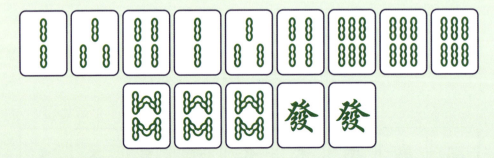

（4）**九莲宝灯**　88番。由一种花色序数牌按"一一一二三四五六七八九九九"组成的特定牌型，见同花色任何1张序数牌即成和牌。不计清一色。

【例4】

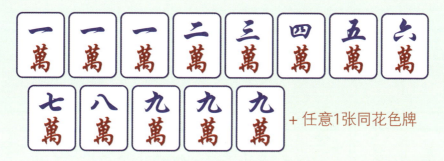

+ 任意1张同花色牌

（5）四杠　88番。由4副杠组成的和牌。

【例5】

（6）连七对　88番。由1种花色序数牌组成序数相连的7个对子的和牌。不计清一色、不求人、单钓。

【例6】

（7）十三幺 88番。3种序数牌的一、九牌，7种字牌共13张牌，再加上其中任意1张牌作将组成的和牌。不计五门齐、不求人、单钓。

【例7】

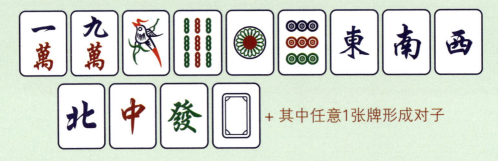

+ 其中任意1张牌形成对子

（8）清幺九 64番。由序数牌一、九组成的刻子及将牌的和牌。不计碰碰和、同刻、无字。

【例8】

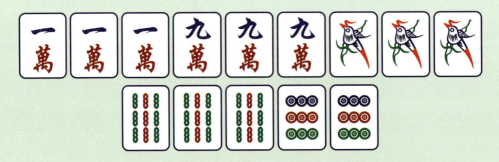

（9）小四喜 64番。和牌时有风牌的3副刻子及将牌。不计三风刻。

【例9】

（10）小三元　64番。和牌时有箭牌的两副刻子及将牌。不计箭刻。

【例10】

（11）字一色　64番。由字牌的刻子（杠）、将牌组成的和牌。不计碰碰和。

【例11】

（12）四暗刻　64番。4个暗刻（暗杠）。不计门前清、碰碰和。

【例12】

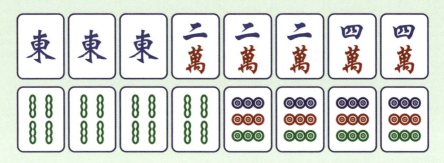

（13）一色双龙会　64番。1种花色的两个老少副，"五"为将牌。不计平和、七对、清一色。

【例13】

（14）一色四同顺　48番。1种花色4副序数相同的顺子，不计一色三节高、一般高、四归一。

【例 14】

（15）一色四节高　48番。1种花色4副依次递增一位数的刻子，不计一色三同顺、碰碰和。

【例 15】

（16）一色四步高　32番。1种花色4副依次递增一位数或依次递增二位数的顺子。

【例 16】

（17）三杠　32番。和牌中有3个杠。

【例17】

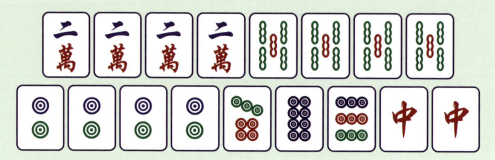

（18）混幺九　32番。由字牌和序数牌一、九的刻子与将牌组成的和牌。不计碰碰和。

【例18】

（19）七对　24番。由7个对子组成和牌。不计不求人、单钓。

【例19】

（20）**七星不靠** 24番。必须有7个单张的东南西北中发白，加上3种花色，数位按一四七、二五八、三六九中的7张序数牌组成没有将牌的和牌。不计五门齐、不求人、单钓。

【例20】

（21）**全双刻** 24番。由二、四、六、八序数牌的刻子、将牌组成的和牌。不计碰碰和、断幺。

【例21】

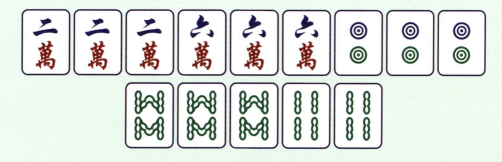

（22）**清一色** 24番。由1种花色的序数牌组成的和牌。不计无字。

【例22】

（23）一色三同顺　24番。和牌时有1种花色3副序数相同的顺子。不计一色三节高。

【例23】

（24）一色三节高　24番。和牌时有1种花色3副依次递增一位数字的刻子。不计一色三同顺。

【例24】

（25）全大　24番。由序数牌七八九组成的顺子、刻子（杠）、将牌的和牌。不计无字。

（26）全中　24番。由序数牌四五六组成的顺子、刻子（杠）、将牌的和牌。不计断幺。

（27）全小　24番。由序数牌一二三组成的顺子、刻子（杠）、将牌的和牌。不计无字。

（28）清龙　16番。和牌时，有1种花色一至九相连接的序数牌。

【例25】

（29）三色双龙会　16番。2种花色2个老少副、另1种花色5作将牌的和牌。不计喜相逢、老少副、无字、平和。

【例26】

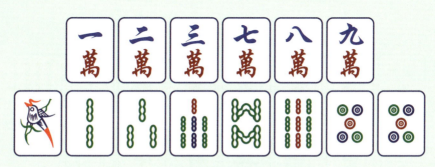

（30）一色三步高　16番。和牌时，有1种花色3副依次递增一位或依次递增两位数字的顺子。

【例27】

（31）**全带五** 16番。每副牌及将牌必须有"五"的序数牌。不计断幺。

（32）**三同刻** 16番。3个序数相同的刻子（杠）。

【例28】

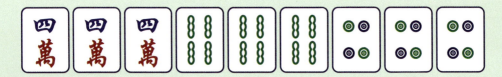

（33）**三暗刻** 16番。三个暗刻（杠）。

（34）**全不靠** 12番。由单张3种花色一四七、二五八、三六九不能错位的序数牌及东南西北中发白中的任何14张牌组成的和牌（没有将牌）。不计五门齐、不求人、单钓。

【例29】

（35）组合龙　12番。3种花色的一四七、二五八、三六九不能错位的序数牌。

【例30】

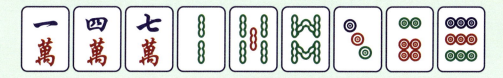

（36）大于五　12番。由序数牌六至九的顺子、刻子、将牌组成的和牌。不计无字。

（37）小于五　12番。由序数牌一至四的顺子、刻子、将牌组成的和牌。不计无字。

（38）三风刻　12番。和牌中有3个风刻。

（39）花龙　8番。3种花色的3副顺子连接成一至九的序数牌。

【例31】

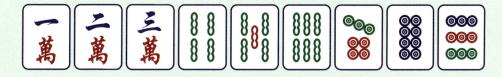

（40）推不倒　8番。由牌面图形没有上下区别的牌组成的和牌，包括一、二、三、四、五、八、九筒，二、四、五、六、八、九条、白板。不计缺一门。

（41）三色三同顺　8番。和牌时，有3种花色3副序数相同的顺子。

【例32】

（42）三色三节高　8番。和牌时，有3种花色3副依次递增一位数的刻子。

【例33】

（43）无番和　8番。和牌后，数不出任何番种分（花牌不计算在内）。

（44）妙手回春　8番。自摸牌墙上最后一张牌和牌。不计自摸。

（45）海底捞月　8番。和打出的最后一张牌。

（46）杠上开花　8番。开杠抓进的牌成和牌（不包括补花）。不计自摸。

（47）抢杠和　8番。和别人自抓开明杠的牌。不计和绝张。

（48）碰碰和　6番。由4副刻子（或杠）、将牌组成的和牌。

【例34】

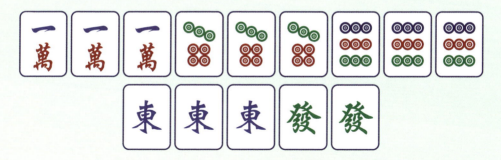

（49）混一色　6番。由1种花色序数牌及字牌组成的和牌。

【例35】

（50）三色三步高　6番。3种花色3副依次递增一位序数的顺子。

【例36】

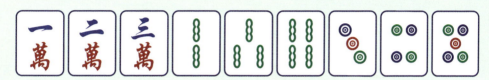

（51）五门齐　6番。和牌时3种序数牌、风牌、箭牌齐全。

麻将 酒式打法

【例37】

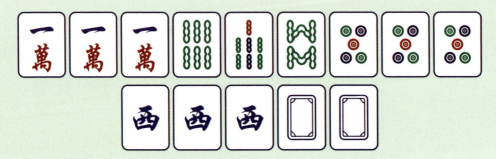

(52) 全求人　6番。全靠吃牌、碰牌、单钓别人打出的牌和牌。不计单钓。

(53) 双暗杠　6番。2个暗杠。

(54) 双箭刻　6番。2个箭刻（或杠）。

(55) 全带幺　4番。和牌时，每副牌、将牌都有幺牌。

(56) 不求人　4番。4副牌及将牌中没有吃牌、碰牌（包括明杠），自摸和牌。

(57) 双明杠　4番。2个明杠。

(58) 和绝张　4番。和牌池、桌面已亮明的3张牌所剩的第4张牌（抢杠和不计和绝张）。

(59) 箭刻　2番。由中、发、白3张相同的牌组成的刻子。

(60) 圈风刻　2番。与圈风相同的风刻。

(61) 门风刻　2番。与本门风相同的风刻。

(62) 门前清　2番。没有吃、碰、明杠，和别人打出的牌。

(63) 平和　2番。由4副顺子及序数牌作将组成的和牌，边、坎、钓不影响平和。

（64）四归一　2番。和牌中，有4张相同的牌归于一家的顺子、刻子、对子、将牌中（不包括杠牌）。

（65）双同刻　2番。2副序数相同的刻子。

（66）双暗刻　2番。2个暗刻。

（67）暗杠　2番。自抓4张相同的牌开杠。

（68）断幺　2番。和牌中没有一、九及字牌。

（69）一般高　1番。由1种花色2副相同的顺子组成的牌。

（70）喜相逢　1番。2种花色2副序数相同的顺子。

（71）连六　1番。1种花色6张相连接的序数牌。

（72）老少副　1番。1种花色牌的一二三、七八九两副顺子。

（73）幺九刻　1番。3张相同的一、九序数牌及字牌组成的刻子（或杠）。

（74）明杠　1番。自己有暗刻，碰别人打出的一张相同的牌开杠；或自己抓进一张与碰的明刻相同的牌开杠。

（75）缺一门　1番。和牌中缺少一种花色序数牌。

（76）无字　1番。和牌中没有风牌、箭牌。

（77）边张　1番。单和一二三的三及七八九的七或一二三和三、七七八九和七都为边张。手中有一二三四五和三，五六七八九和七不算边张。

（78）坎张　1番。和2张牌之间的牌。四五五六和五也为坎张，手中有四五五六七和六不算坎张。

酒式打法

（79）**单钓将** 1番。钓单张牌作将牌成和。

（80）**自摸** 1番。自己抓进牌成和牌。

（81）**花牌** 1番。即春夏秋冬，梅兰菊竹，每花计1分。不计在起和分内，和牌后才能计分。花牌补花成和计自摸分，不计杠上开花。

需要注意的是，以上是国家标准的计番方式，各地即使是一样的玩法，计番方式也会有不同。竞赛麻将显然降低了运气成分，增加了技巧性。各地玩法中多有的天和、天听等均不算在内，使麻将游戏的技术性更强。

以上就是竞赛麻将的基本玩法，各地麻将的不同玩法多是在这种大众玩法的基础上形成的。

第三章 血战到底玩法

血战到底麻将是目前网络非常流行的麻将玩法，主要由四川麻将演变而成，使用去掉字牌、花牌，只留万、条、筒的108张牌。游戏时，每人手里抓13张牌，不能吃牌，可以碰牌或开杠，手牌满足相关规定的牌型条件时和牌。

血战到底的基本玩法如下。

（1）实行血战到底，明杠、暗杠均要得分。

（2）玩之前需约定好封顶番数，刮风（碰牌）、下雨（开杠）另算，不包括在内。

（3）除第一局随机选择一人坐庄之外，以后每盘由上一局首先和牌人做庄；一炮多响时，下局由放炮人坐庄。如ABCD四人，D是庄，A首先和了，BCD继续打，B同时放炮给C、D，下局庄家则为A玩家；如ABCD四人，D是庄，A首先和了，BCD继续打，B先后放炮给C和D，下局庄家为B玩家。换人后第一盘随机选庄。

（4）荒庄（流局）不下庄。

（5）不能吃牌，只能碰、杠，杠牌从牌墙正常位置补牌。暗杠也必须亮一个牌出来。

（6）必须缺一门才可以和牌，即和牌的时候不能同时有三种花色的牌。

（7）游戏开始前，玩家需要选择一门要打缺的花色，定缺后玩家必须在打完所持有的已定缺花色的牌之后，才可以和其他花色的牌。

血战到底的和牌形式如下。

（1）基本和　基本和是指4个朋组全都是顺子形式的和牌。

【例1】

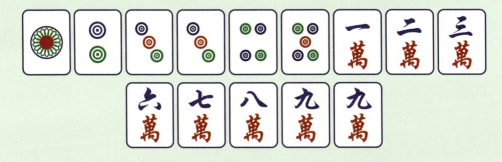

【例2】

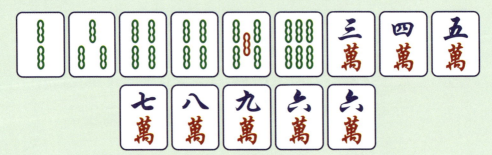

（2）对对和　对对和是由4副刻子（杠）、将牌组成的和牌。

【例3】

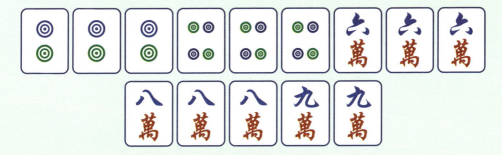

【例4】

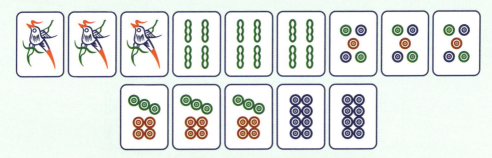

【例5】

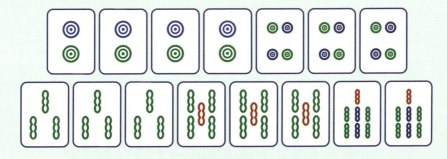

（3）将对对和　在对对和的基础上，每一种牌的牌点都是二、五、八的点数。

【例6】

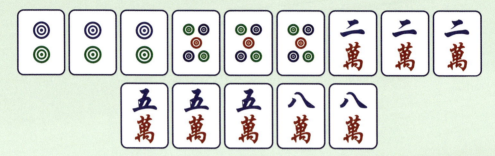

【例7】

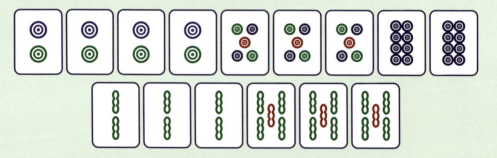

（4）暗七对　手里全是自摸起来的7副对子。

【例8】

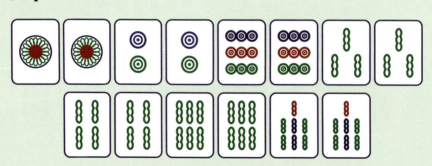

【例9】

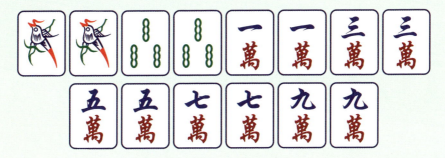

（5）龙七对　手里除5副自摸起来的对子，另外4张牌相同（不是杠）。

【例10】

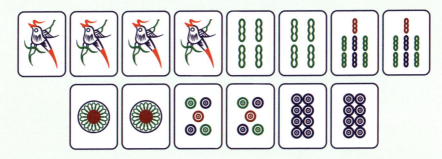

【例11】

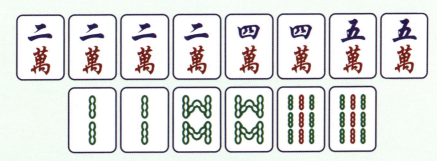

（6）清一色　最后和牌时，手里的牌花色一致。

【例12】

【例13】

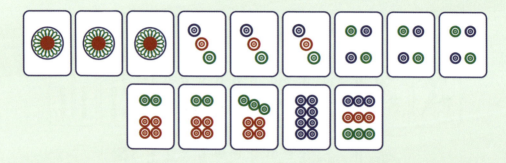

（7）清龙　在清一色的基础上，牌型是一至九组合成的3副顺子。

【例14】

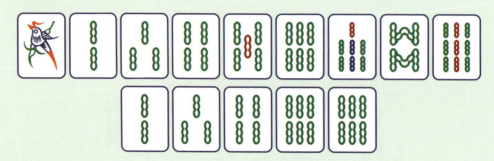

【例15】

（8）清对　在清一色的基础上，牌型如对对和。

【例16】

【例17】

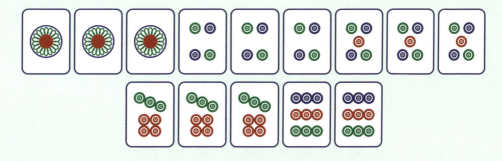

（9）天地叫　手里牌花色相同，自摸或者别人打出此花色的任意牌，都能和牌。

【例18】

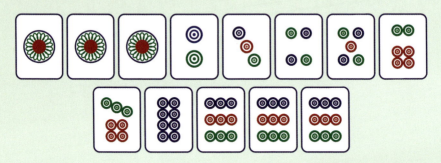

【例19】

（10）带幺　和牌时，将牌是一对牌点为一或九的牌，其余都是一或九的刻子（杠），或顺子中带一或九的牌点。

【例20】

【例21】

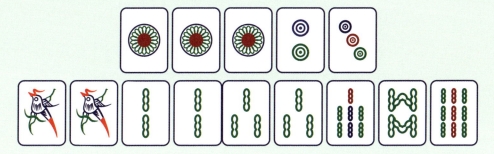

【例22】

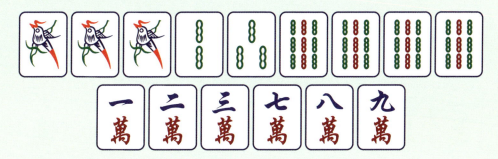

（11）缺门带根　和牌时，手里牌在缺门的情况下，有一个根（即明杠、暗杠或四归一）。

【例23】

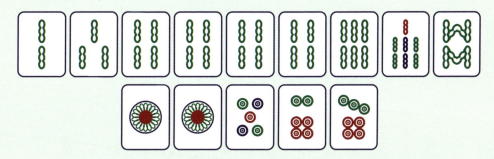

【例24】

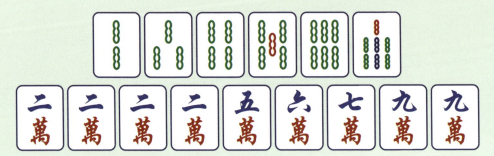

（12）缺门带双根　在缺一门的同时，手里有2个根的和牌形式。

【例25】

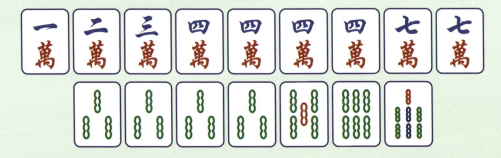

【例26】

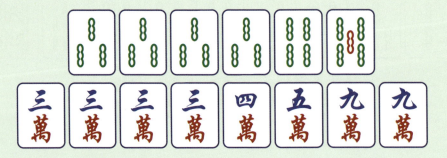

【例27】

（13）缺门带三根　缺一门的同时，手里有3个根的和牌形式。

【例28】

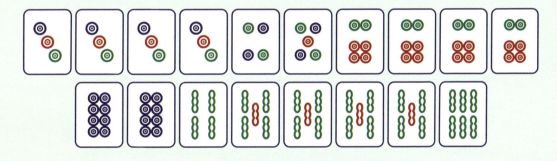

（14）对对和带根　在对对和的基础上，带1个根的和牌形式。

【例29】

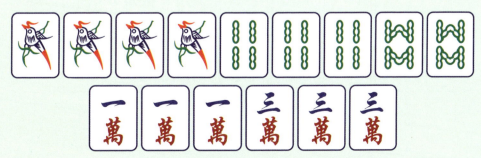

【例30】

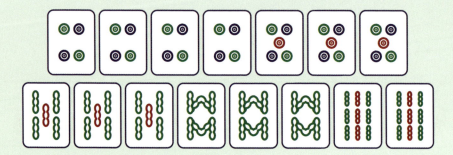

（15）对对和带双根　在对对和的基础上，带2个根的和牌形式。

【例31】

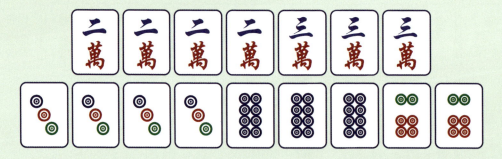

【例32】

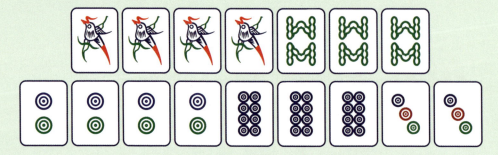

（16）对对和带三根　在对对和的基础上，带3个根的和牌形式。

【例 33】

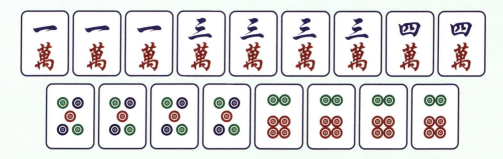

【例 34】

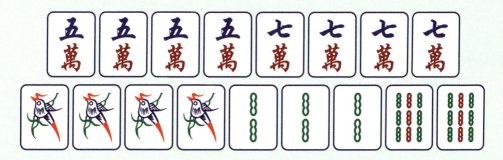

（17）对对和带四根　在对对和的基础上，带4个根的和牌形式。

【例 35】

【例36】

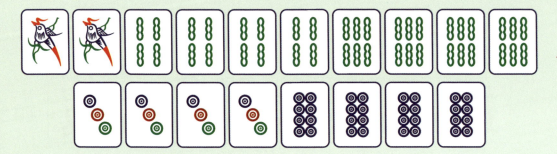

（18）清对带根　既是清对子，又带1个根。

【例37】

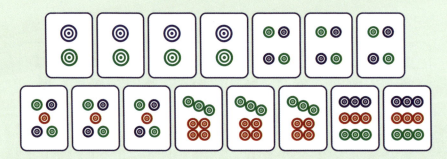

【例38】

第三章 血战到底玩法

（19）清对子带双根 既是清对子，又带2个根。

【例39】

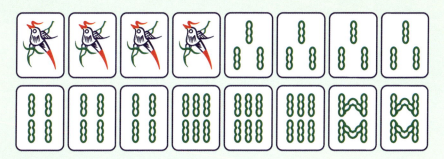

【例40】

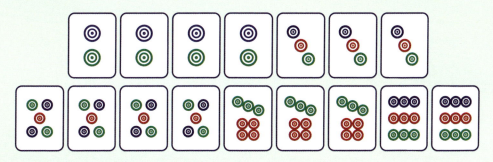

（20）清对子带三根 既是清对子，又带3个根。

【例41】

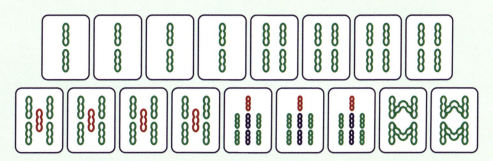

【例42】

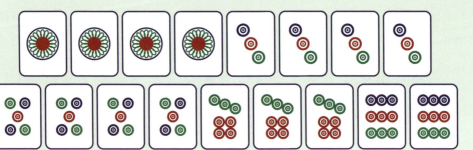

（21）清对子带四根　既是清对子，又带4个根。

【例43】

【例44】

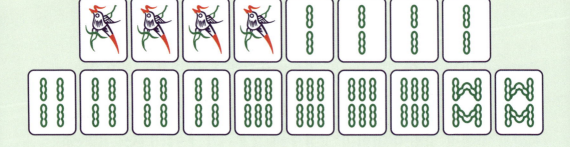

（22）清一色暗七对 清一色的基础上7个对子。

【例45】

【例46】

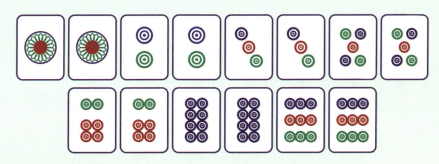

（23）清龙七对 清一色的基础上5个对子以及1个根（不是杠）。

【例47】

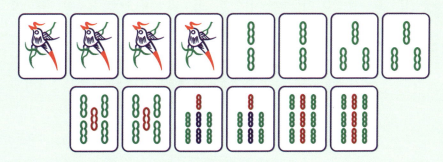

【例48】

（24）清带幺　指和牌时，牌型全部为带有点数为一、九的顺子、刻子、将牌。

【例49】

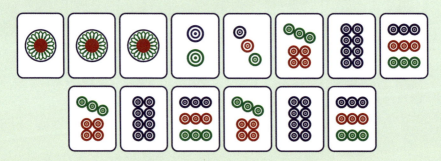

【例50】

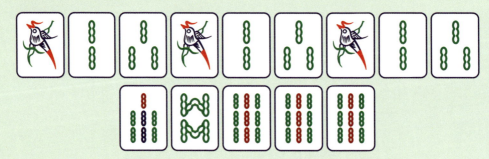

（25）清带幺带根　在清带幺的基础上带1个根。

【例51】

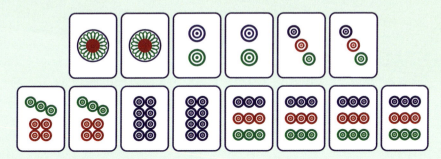

【例52】

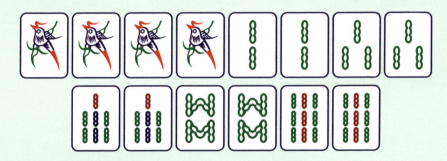

第四章 听　　牌

凡要和牌，必须先叫听。一般来说，听口越大，成牌概率就越高。下面，我们来了解一些基本的听牌形式，使自己对听牌有一个更好的把握。

1. 听一张牌

听一张牌即单钓、边张或卡张。

【例1】单钓，听二条。

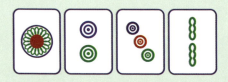

【例2】卡张，听四万。

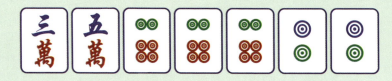

2. 听两张牌

【例3】听一万、四万。

【例4】听二筒、五筒（滚头）。

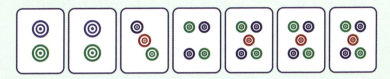

3. 听三张牌

【例5】听一条、四条、七条。

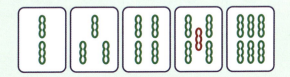

【例6】听二筒、五筒、八筒。

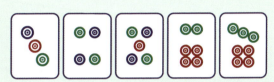

【例7】听三万、六万、九万。

【例8】听三条、四条、七条。

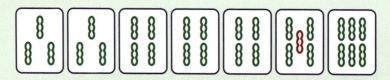

【例9】听一筒、四筒、七筒。

4. 听四张牌

【例10】听二筒、五筒、七筒、八筒。

【例 11】听二万、四万、五万、七万。

【例 12】二条、三条、五条、六条。

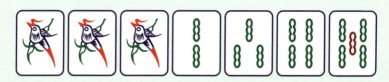

【例 13】听一筒、四筒、六筒、九筒。

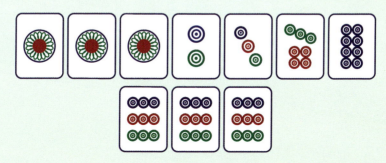

5. 听五张牌

【例 14】听二条、四条、五条、七条、八条。

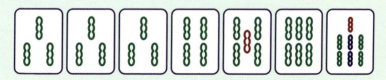

【例 15】听一万、二万、四万、五万、七万。

【例 16】听一筒、四筒、七筒、八筒、九筒。

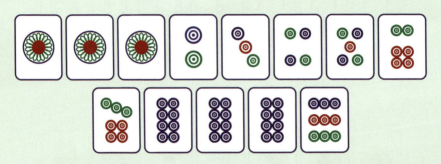

6. 听六张牌

【例 17】听一条、三条、四条、六条、七条、九条。

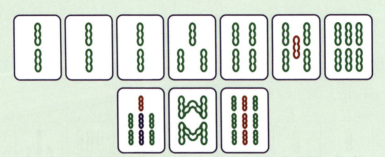

【例 18】听一万、三万、四万、六万、七万、九万。

【例 19】听一筒、二筒、四筒、五筒、七筒、八筒。

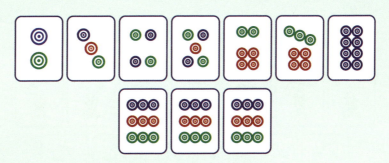

【例 20】听二万、三万、五万、六万、八万、九万。

【例21】听一万、二万、四万、五万、八万、九万。

7. 听七张牌

【例22】听一万、三万、四万、六万、七万、八万、九万。

【例23】听二筒、三筒、四筒、五筒、六筒、八筒、九筒。

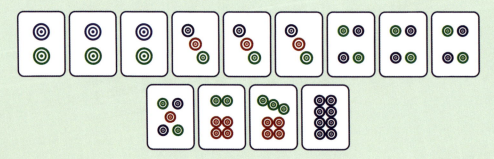

8. 听八张牌

【例24】听二条、三条、四条、五条、六条、七条、八条、九条。

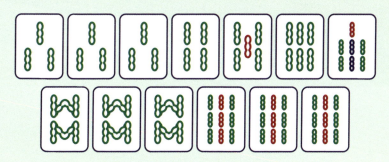

【例25】听一万、二万、三万、四万、五万、六万、七万、八万。

9. 听九张牌

【例26】听一万、二万、三万、四万、五万、六万、七万、八万、九万。

第五章 酒式打法和牌要诀

所谓牌谱，是指人们在日常打牌过程中总结出的规律和技巧。这世间所有的灿烂文化，归根结底都是由人民创造的。这些民间口诀融合了无数人的智慧，是我们在麻将进阶道路上的一条捷径。本章精选了其中的一部分口诀进行解读，并在解读中讲解一些基本的麻将技巧。

本章以通用麻将的打法为标准。

一、技巧类

1. 头牌少吃碰

一般来说，在起手几轮中，不宜吃碰，尤其是易进张的搭子，比如带一九的两面搭。在开局阶段，自己的牌势一般不太明朗，是要做大牌呢？还是快点和牌呢？还是做全不靠或七对等特殊牌型呢？甚至是要拆和打臭（自己不和牌，专门挑别家不能和的牌打，搅乱牌局并防止点炮）呢？这些都尚未可知。如果开局就吃碰一两副牌，手牌大大减少，一则不容易做战术调整，容易叫听成险牌甚至死牌，二则容易被别人猜出你的听口，使得你难以吃和，这也是由第一条决定的。试想，你手里就那么几张牌，必然不舍得拆已经组好的牌，那会出现什么情况呢？只要不是你叫的那两张听牌，你就会摸什么打什么，有经验的老手看到你落牌如风，不假思索，基本就能把你的听口猜得八九不离十。这样就算听了，又有何用？只能靠自摸这样撞大运来成和。况且你在等和过程中，由于无法改听，必然打出大量无用的中张牌，这也就为别人吃碰甚至成和提供了绝佳机会。往往自己要的牌还没摸到，早已当了炮手。因此，开局应以摸调进张为主，待牌势大体定下，再行吃碰。当然了，凡事都不是绝对的，遇到边搭进尖张（序数牌中的三或者七），甚至某些绝张，还是可以吃的。

2. 牌从当面过，不如摸一个

上家打出的牌，如是易进张的两面搭的要牌，以不吃为宜（吃过后有好的听口除外）。因为吃碰会缩小自己的部署范围，因此除险张、绝张之类的好牌外，一般的易入牌应不吃。而且，有时候入听的牌不吃，甚至可能有奇效。不信请看下例。

【例1】牌池内已有2张红中，自家手牌已吃碰3副牌，手牌为：

上家打出一万。很多人可能想都没想就吃起了。这时如果吃起，就等于选择了单钓将，下面无非两种打法，打出六条或红

中。但是这两种打法都很尴尬。如果打出六条，单钓绝张红中的成功概率是很小的。谁都知道，牌战中后期的风箭牌都是敏感牌，尤其是熟张（牌池中打过的牌，以及各家吃碰后亮出的牌），更是人们注意的重点牌。摸到者只要不是特别完美的大牌，都会扣下，等到牌池内已现3张时再安全打出。尤其是有人单钓时，更是十分敏感。因此，单钓红中只能靠自摸。那单钓六条呢？六条是中张牌，即使牌池内没出现过，也有极大可能已被他人组合于手。即使别人摸到，也往往不敢打出。这样，你还是只能靠自摸，况且牌墙里还有没有此牌都是未知数，把胜负压在上面未免太冒险了。

如果不吃的话，摸来序数牌后，打出红中，可以选择的牌就比较多了。不过最精彩的打法是不出红中而出六条，最好能靠摸牌、调牌扣下一生张或一熟张，待到自己摸到红中或那个生张的对子，再打出另一张，叫听一四万。由于前几轮不吃一万，一四万被别家打出的概率就会大大增加，基本谁抓到一万都会打，这样你吃和就会变得非常容易。可能有人说，你这样不还是靠自摸红中或生张吗？和单钓不是一样吗？其实不是的，刚才说的只是一种打法，如果你摸来别的好牌，可能会有不同的打法，总之就是作战范围会变得很大，不会像单钓那样孤注一掷。就算不像刚才那样吃回头张，也能防止别人猜出牌姿，有利于防止放炮。剩的这4张牌，本来就算散牌了，最重要的是防止放炮，能和则和，不能和则自保。依笔者浅见，若争胜，这牌莫如像上面那样吃回头张；若自保，更是不可单钓。因此上家这牌，还是以不吃为宜。

3. 入局看三家

有很多新手，甚至老手，不论组牌水平高低，都有一个通病，就是只顾自己的牌，死死地盯着自己的牌看。然而知己知彼才能百战不殆，不关注其他三家的话，就可能贻误战机，或者出现大量给他家供牌的糟糕情况。有一些他家的小动作是应当注意到的，比如，在牌战紧张阶段，有人突然打出生张，那么他的牌姿肯定有了重大变化，叫听是十有八九的，而且可能有大牌。在有人单钓时，你打出一张牌，他下意识地看一下，这就是明显的心理反应，说明他叫听的牌与此相关。比如你打的是八万，那他就可能听七九万或八条八筒。只顾自己组牌，不管他家动向的人，必然偏听则暗，输多赢少。

4. 开局看三张

与上句相同，这句也是教会我们要看别人的舍牌，尤其是前几张。有人连舍万筒，可能在做条子清一色或混一色；连舍中张牌，则表明离听区很近或在做特殊的大牌；不管什么牌都跟打，乱吃乱碰的，有可能在拆和打臭。了解这些信息，对下面该舍什么，扣什么，吃碰什么，叫听什么，都是很有帮助的。

5. 金三银七，骨架可喜

序数牌中的三七牌被称为尖张，是非常关键的序数牌。因为它们正好位于九张牌的两个连接点上，只要手中握有一种花色的三七牌，无论摸来什么序数牌都可与之配对，可谓骨架之牌。更重要的是，三七牌有控制边搭的作用，我们在打牌时，经常会抓到一二或八九边搭，而这种搭子要进的正是三七尖张。因此，三七牌还有控制边搭的作用。这样连通力强的牌张，往往是各家吃进甚至叫听的重点对象。因此，手中有有用的三七牌固然好，如果出现无用的三七牌荡张（指没有搭配的牌），还是早打为好，如果别人还未组成搭子更好，就算他组成了，也只是吃进，要是你不舍得好牌，等到别人都组好了牌，你才舍出此荡张，那炮手非你莫属了。在这里，我们初步明确这样一个观点：没用的中张牌，尤其是三七牌，要先打。可能有人说了，我先留着，没准一会有用呢？中张牌非常好组张，一会就来一张配对牌也未可知呢？有关中张牌的取舍，我们在下面第9条中讲解。

6. 消根要趁早

当你猜测他家手中的对子和你手中的对子对上了，你应该尽快拆对先打出去，否则后面对上此牌的玩家若是选择和这张牌，那你再打出去，就给他家扩大了胜果。如果外面已经碰牌，手中的绝张也应尽早打出。

【例2】

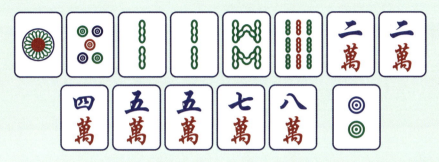

之前把缺门牌定为筒牌，但此时摸进一张二筒，通常情况下应该是先打缺门牌筒牌，但如果外面已经碰过八条，而要想再摸进七条成顺子也不太容易，所以应该遵守消根要趁早的妙诀，先把八条趁早打出去。

7. 生张要早打

这里的生张早打主要是指在牌局前阶段，如果自己还没有打缺门，则先打外面没有出过的生张，而外面出现过的熟张留起来下一轮再出。这样可以有效减少外面碰牌或者开杠的机会。

【例3】

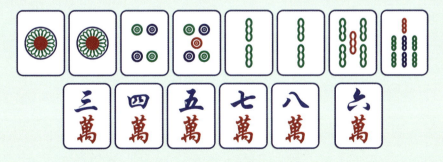

此时摸进一张六万，由于牌池里面已经出现过五条、七条，

所以应该先拆对二条打，留五条、七条下一轮再山。

8. 熟张要先打

这里的熟张先打是指牌局已进入危险期（后期），随着牌局的进展，打出生张被杠或者放炮的概率也随之增加，所以此时要尽早打熟张，为此甚至可以拆掉已经叫听的牌，也应该尽量避免出生张，减少被杠和放炮的机会。

【例 4】

原本已听牌，见二万、五万、八万即可和牌，但轮到摸牌摸进一张四筒，打出四筒仍是听牌，但纵观全局，若将四筒打出，很可能点下家清一色的炮，为安全起见，可以选择放弃听牌，打出一张三万。

9. 好张先打，先打无吃

很多人有一种错觉，就是我扣着一张中张荡张，几轮之内总能抓到一张和它配搭吧，所以会先打边张，寄希望于撞大运，自摸成搭。但事实上，这种荡张即使是中张牌，能够配搭的概率也是很小的，其原因就在于你只能靠自摸来配搭，无法利用他家的舍牌。等到最后无法了，方舍出此中张，炮手非你莫属。因此，有十三不靠的荡张中张牌，还是先打为好。一般来说，一开始下家成搭的概率比较小，打出后他往往难以吃进。况且，就算他吃了又如何？这张牌早晚要舍，晚舍不如早舍。本来扣下家就不可能扣到底的，打出此荡张，自己的成搭范围也能扩大。等到牌战中后期，再舍出安全张，就不容易放炮了。

10. 先打幺，后打缺

在把荡张打完后，应该优先舍出字牌和幺九牌。这是因为它们的联络性较差，不容易进张。而且，在牌战初期，要这些牌的人一般比较少，而在中期却有很多人叫听它们，理由也很自然，正是因为它们联络性较差，容易被舍出。而且，叫听这些牌的人，其牌往往是不小的牌，如混一色、混幺九等，都是比较容易出现的牌。至于如果有人做十三幺之类的大牌的话，你要是再扣着字牌，自以为有安全牌而得意，最后就该哭了。我们常说的留安全牌，也要看牌势。如果牌池里有不少字牌都很少见，那你应该赶紧打手里的字牌。如果已经到了后期，还不如拆和打臭算了，总比放个大炮好。

打缺的意思是，打光一门花色，剩下两门。这是因为，配牌一般较少有三种花色相当的，往往是一种或两种比较多。这时候打掉牌张较少、联络性较差的一门，往往可使牌型比较集中，较好组牌。如果作战基地过于分散，东一榔头西一棒，就不容易

成牌。

另外，在国家标准麻将比赛中，断幺九、缺一门、无字都是可以计分的。这样也可以增加和牌分数。

11. 先打字，后打对

字牌难以组张，若非能增分的箭牌或门风、圈风牌，早舍为妙。既能扩大手牌涉及范围，又能防止在牌战后期有人单钓字牌或做字类大牌时当炮手。

至于对子牌，若不是较容易碰出的字牌和幺九牌，在保证将头，且无太大希望做碰碰和的情况下，应优先拆舍。这是因为对子的待牌（差一张牌就成为一副牌）只有两张，少于嵌张（持有顺子两端的牌，而缺少中间张的搭子）的待牌，而且若是中张对子，有很大可能剩下两张已被他人组入手牌，你要想碰出，难上加难。因此，应早变对子为搭子，使之更容易进张。

12. 慎吃第三搭

麻将打的就是个未知性，谁都不知道其他人的牌，打得才更有意思。试想，如果你的牌暴露在了他家眼皮子底下，你还能有多少胜算呢？麻将牌是不透明的，牌不会暴露自己，但你却可能暴露牌。比如，经过多次吃碰，手牌仅剩4张，别人通过你的舍牌就能轻易判断你要的花色，甚至你叫听的点数。所以，一般来说，如果不是非常必要，尽量不吃第三搭，手牌7张，尚可周旋。如果仅剩4张，肯定容易暴露牌姿和听字。

13. 不可妄吃，不可乱碰

很多人觉得，手中的搭子吃碰就能促成成牌，因此往往有吃即吃，有碰必碰，直到已经开出两三副牌后才发现剩余手牌散乱不堪。因此，吃碰是很有讲究的。一般来说，边搭这样叫吃尖张的牌不易出现，应该吃进。另外还有绝张牌也应吃碰。或者，吃碰后即可叫听的，且听口不错的，应该上听。另外，还有一种"回头张"的打法，即能吃碰但却不吃碰，待自摸上听后，仍听此张，往往成和。

【例5】已吃碰两副牌，手牌如下。

此时有人打出生张东风，放过。自摸上来一筒，打出安全牌九条，叫听六万和东风两对倒。六万是中张，牌尾难有人舍出，所以叫听的其实就是绝张东风。东风刚刚打过，谁都不会想到一轮之后竟然还有人和东风，因此这副牌虽是险听，成和希望却很大，正是因为把握好了吃、碰的节奏。当然了，这副牌碰坎东风也是没有问题的，叫听一筒、四筒，也很有希望，只是没有叫听绝张东风来的概率更大、更加巧妙精彩。

14. 要张联络，方易求和

要张，也就是重要的牌张，主要指三四五六七牌。它们联络性强，容易构成好搭子。在牌战中，幺九和风箭牌属于战略性武器，而中张牌才是常规部队。你可以靠战略性武器拿下一两场战斗，但要想场场稳定，还是要重点培养常规部队。只有熟练掌握中张牌的组合，才能真正玩好麻将。有的时候，中张牌交错杂织，新手甚至会因对牌的组合不熟悉而出现漏和的糟糕情况。在这里，我们以从一到九的顺序大致说一下一次同时听多张时的基本牌姿（反过来从九到一的规律也是如此），防止大家出现漏和的情况。

听四张牌：已吃碰两副牌，手牌剩7张，为一暗刻和其一边的单张邻牌以及另一边的相连顺子。我们把这种牌型称为ABBBCDE型。这时，叫听A、A左边的相邻序数牌、C、E右边的相邻序数牌。

【例6】手牌如下。

显然，叫听二万、三万、五万、八万。

听五张牌：一般分两种情况，但均为吃碰两副牌后手牌剩7张。

第一种情况，手中有一暗刻和与其相连的四连顺，即ABCDEEE型。此时叫听A、A的左邻张、C、D、E的右邻张。

第五章　酒式打法和牌要诀

【例7】手牌如下。

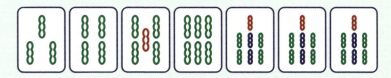

叫听二条、三条、五条、六条、八条。

第二种情况，有两副隔一张的两个暗刻，再加中间的一张牌，即AAABCCC型。此时叫听A、A的左邻张、B、C、C的右邻张。

【例8】手牌如下。

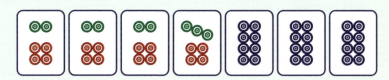

叫听五筒、六筒、七筒、八筒、九筒。

听六张牌：已吃碰一副牌，手牌余10张，呈一暗刻和7张连牌，即ABCDEFGHHH型，叫听A、C、D、F、G、H的右邻张。

【例9】手牌如下。

叫听一万、三万、四万、六万、七万、九万。

听七张牌：没有吃碰，手牌13张，全部相连的三暗刻和四连顺，即AAABBBCCCDEFG型，叫听A、B、C、D、E、G、G的右邻张。

【例10】手牌如下。

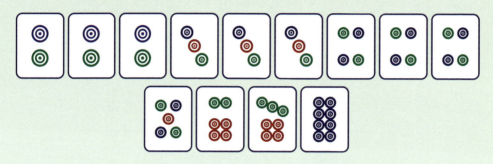

叫听二筒、三筒、四筒、五筒、六筒、八筒、九筒。

听八张牌：没有吃碰牌，手牌13张，两个相连的三暗刻和与之相连的四连张再加一个相连的三暗刻，即AAABBBCDEFGGG型，叫听A、B、C、D、E、F、G、G的右邻张。

【例11】手牌如下。

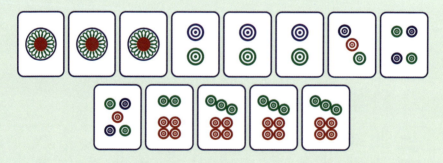

叫听一筒、二筒、三筒、四筒、五筒、六筒、七筒、八筒。

听九张牌：也叫九莲宝灯，是一种88番的大牌。只有一种牌型，即一门从一到九，一和九分别为三暗刻。

【例12】手牌如下。

叫听一万、二万、三万、四万、五万、六万、七万、八万、九万。即可以和万子的任意一张牌。

从以上听口类型中我们可以看出，想要听口宽，中张牌往往要复杂地组合。因此，要想容易和牌，就要有较多同一花色的相连中张。

15. 诛牌不到底

一般来说，人们都会扣下家的牌，他要万子，我偏打条子。这种做法肯定没错，不过凡事都要有个度，要是下家打什么你顶什么，那就必然使自己拆牌，自己和不了，人家还有可能自摸。所以，扣牌应有理有节，前期为了加速自己组牌，可以放松。若是料到某张牌十有八九是他家待和的牌，要坚决扣住不打。

16. 牌弱要打生死张

生死张，就是要给小和家放炮，以阻止大和家成和。这种招数多是在迫不得已的情况下使用，比如大和家是多门听，或是听口很好容易和。另外，这种招数在比赛中也常用。比如，赛事规定，每桌前两名出线，自己位于第一，分数与第二接近，而三四名与自己相差甚远，这时就可以放炮给三四名，以阻止第二名成牌。当然前提是互相不知道牌，否则就成作弊了。

17. 戒剩单骑

在牌局中，尽量不要12张牌倒地只剩单骑，哪怕是单钓将。可能，你会因为吃碰凑成很大的牌型，但他家看到你的亮牌，既可以猜测你的听张，规避出牌风险，又可以根据你的牌点来改换自己的听口，还可以故意放炮给其他家和小牌，减少损失。而且，当你摸进生张的时候容易放炮，因为二者必弃其一，没有周旋余地。这一点，我们可以参考下文中《呖咕呖咕新年财》的牌例。

18. 双碰不如一嵌

只要对子不是字牌或幺九牌，或是嵌张不是尖张，两对倒一般不如嵌张容易和。原因也很简单，虽然能和的牌都是4张，但对倒你自己已经占了各2张，其余的牌很可能已被他人组合成手牌，你便难以和牌；而嵌张有4张，一般不会被全部占用，总有人会舍出，更容易吃和。

19. 牌脚越长越好打

有的人在牌的组合繁复起来的时候，就会搞不清牌型，该吃的时候没吃，喊了吃才发现破坏了牌姿，甚至会出现漏和的情况。其实，某一色牌的张数越多，往往搭子越复杂，听口越大，赢的机会越多，得的番数也高。因此，我们要善于辨别牌的组合，并积极把牌向较少的花色转化。

一般我们认为，在已组成一两组牌后，剩下的同色牌中，只要在暗刻与暗刻的中间，依数字顺序各有一张牌，则每张牌都可以成和（包括暗刻及其前后相邻的牌）。

20. 吃和必叫熟，自摸须待生

在牌战中后期，大家都很谨慎，一般没人打生张，大家都是跟熟舍出，想要吃和生张难上加难。此时可以待一熟张或二熟张，最好是一熟张，即牌池中出现过一次的牌，因为大家在跟熟舍出的过程中，必然有跟不出的时候，这时候大家就会找前几轮打过的牌来跟，因此叫听熟张，往往奏效。然而如果要自摸的话，情况就不一样了。自摸概率全由牌墙内剩张决定，和他家出什么牌无关，因此不用想着去引诱或设伏之类的，只要考虑怎样把概率最大化就好。想要最大概率自摸，主要在于改良听口。能增加听张是最好的，不过一般牌型也就是两个听口，不太好增加。所以，我们要把听口的效力最大化，就要专听生张，因为熟张出一张少一张，只有生张没出过，被砌在牌墙后端的概率最大。当然了，生张不易被舍出，是想有和就走吃和熟张，还是等待自摸专钓生张，就看你自己的想法和当时的牌势了。

21. 摸八没和牌，出牌要防炮

这句话的意思就是，当自己摸到开局后的第八张牌时，仍没

有和牌，那准备打一张牌出去时，就一定要小心不要放炮。通常情况下，当自己摸到第八张牌的时候，外面的玩家此时往往已听牌，如果在此时不引起重视，随意打一张牌出去，就很可能放炮。

22. 四副倒地，必钓尖张

我们前面说过，最好不要剩单骑。但很多时候，牌不遂人意，我们真的打成了单骑牌。这时应该怎么听牌，才有最大的成和希望呢？各家看到你单钓将，往往会扣住风箭牌和幺九不舍，尤其是二熟风箭牌，更是没人敢打。所以此时钓尖张和中张牌，往往能有奇效，甚至还能自摸。

23. 空城巧计

在牌桌上，如果有人吃碰出两三组甚至是四组同色牌，那我们就基本可以确定他在做清一色大牌，大家对这一色的牌基本就会扣住不打，使他难以成牌。这是常规路线。但有些高手，偏偏不按常规套路，他面前一色万子，偏听条子或筒子，番数虽小了，成牌概率却大了。因为大家只能防备一种牌，不可能张张扣死，因此看到他在做万子清一色，就往往对条子和筒子没了防备，就算是尖张或中张都有可能打出。这种空城巧计，我们不可不学。

二、战术类

1. 人旺我乱碰

在某一家牌点非常旺时，我们应该有吃即吃，有碰即碰，目的是打乱摸调顺序。因为牌都是洗不匀的，这就可能造成某一家的牌特别顺。这时候我们通过吃碰，打乱牌的摸调，往往能收到奇效。

2. 付付求和，败可立见

无论你有多高的麻将技术，牌运都会有好有坏，有时候你摸来的牌就是张张不搭，而别人起手就是一副大牌的牌姿，数轮过后便可听牌。这时自己明智的选择就是选择不和，跟牌打臭，牌弱要打生死张，迫不得已时给小和家放炮，这也就达到了我们讲求技巧的目的：赢时多赢，输时少输。人不是神仙，打牌总是有输赢的，手风不顺时少输也是一种胜利。若是一手散张偏要求和，必然舍出大量中张牌，极易成为炮手。

3. 牌可以输，牌品不可以输

请记住，当你输掉一局时，输牌的是你自己，而不是牌。那种把牌作为发泄对象，摔牌、骂牌的人是愚蠢的。谁都知道，麻将不过是一种玩具，没有头脑和思想，对谁都是公平的。不过，如果你心平气和，把牌当朋友，好牌可能真的会来。这倒不是说麻将长了腿，会跑到该去的地方，而是说人打牌都是有心理因素的，心浮气躁的人容易产生误判，可能好牌来了他都看不见。如果内心明澈，与牌为友，就能把手中牌的力量最大化。

4. 扬黑抑红

当发现一家手气特别旺的时候，应该想办法对其进行压制。

这里说的压制包括通过吃碰造成其摸牌跳档、故意给别家喂牌、顶他的牌等。总之，不能让一家赢到无压力，应该让每一个人都有危机感，因为如果一个人怎么打都赢，他就会去做大牌，这样自己就输惨了。如果他时时刻刻有压力，那他就会有和就和，可以减少自己的失分。

5. 当庄不做牌

这一条很好理解，庄家往往赢的多输的也多，很多地方规则规定赢了还可以连庄和拉庄（加番），越赢越多。因此，庄家应尽力求和，而不应因贪图做大牌而丢掉了本来能和的牌，如果放炮，则更得不偿失。

6. 冷热无常态，隔轮熟变生

在牌局中后期，大家一般都比较小心，往往跟打熟张，最次也是打出筋线牌（指一四七、二五八、三六九），很少有打生张的，除非在做大牌。关键就在于什么叫熟，什么叫生，是一轮之内叫熟，还是两轮之内叫熟？在牌局中一定要仔细掂量。许多老手，专叫听回头张，往往打得人措手不及。因此，不要觉得两三轮之前这张牌安全它现在就一定安全，小心谨慎无大错。

7. 宁弃莫放炮

我们知道，麻将每局只能有一个人赢（四川麻将等采用血战规则的除外），所以，一旦你放炮，那你的牌再大再巧也没有意义了。因此，在我们基本上把握住他家的和牌方向后，对他的牌就应该扣死，即使拆牌弃和也不能放炮。比如某家吃碰亮牌全为万子，打的全是条和筒，显然在做一色牌，那你抓到万子，就必须留于手中加以培植。若迟迟不能抓到牌与之配对，可能是做一色牌的那家扣牌比较多，那你只能等有人打此张时跟熟舍出，不然就只能单钓这张了。虽然很难和，但也比放炮失分要好。有人觉得，我的牌也不错啊，放弃了岂不很可惜？也不会这么巧吧，他就叫听这一张？其实，当某家做大牌时，他本来就很难进张，常常卡在最后一张不能成和。你打出这张牌，恰恰是等于送给了他家这张牌，所以做大牌那家往往还就和你手里那一张。所以，只要明了他家叫听的大致方向，他所要的牌，就应该扣住不打。当然，这是在牌局中后期。在前期为了自己的组牌，该打的还是要打，即使他吃碰了也无妨，毕竟打牌不能不让别人吃碰，最重要的还是自己的胜利。

8. 以和为贵

这里说的和，不是和谐，而是和牌。这个问题看似没什么可说的，打麻将不就是要赢吗？其实不然，这个问题才是麻将中的核心问题，也是无数玩家最纠结的问题：到底是做大牌，还是做普通牌？到底是有和就走，还是要等自摸？一般来说，做大牌还是普通牌，主要是看起手13张牌的牌姿。要是你起手万、条、筒全有，却想做清一色，这可能吗？一共没两个对子，却要做碰碰和，这不是开玩笑吗？人不可以和规律作对，没有人总有那么好的运气（这里说的是日常玩牌，比赛时只有和高番牌才能晋级时除外）。至于有和就走，还是等自摸和大牌，一般来讲要看时机。开局可以搏自摸，中盘一般有和就走，这是一般的说法，也是一般人的玩法。但在这里，笔者提一个愚见，即无论什么和，有和就走。

【例12】牌局进行三轮之后，手牌如下。

上家打出九条。一般人肯定不和，理由很简单，才第三轮，别人肯定牌都没组好，我这会和了就是个屁和，再等两轮我把条子都打出去，就是清一色的牌了。但是，接下来会是什么情况呢？首先，你手中的万子本来就占了万牌的一小半，剩张已然不多，还不知是否被他人扣于手中或是在牌墙后端，况且，就算它们都在牌墙的前面，你抓到它们的概率也只有四分之一，一二九万你基本扣断了，他家主要会抓到三四五六七八万，多为中张牌，别人抓到了打出的可能性也不是很大。再退一步讲，就算你抓到万子，下一步肯定要舍出这两张条子，而你一舍牌别人就会发现你刚才弃和了，谁还不知道你在做万子清一色的大牌呢？这样的话，还有谁会供牌给你呢？成和难度不小。而且，你觉得自己牌姿好，怎么知道没有人比你的牌姿更好呢？你要做万子清一色，条筒不分中张边张全都得往出打，给他家供牌甚至放炮的可能性就大大增加了。一来一去，亏之多矣。当然这只是笔者的一个看法，具体情况还要具体分析。

在这里我举一个相当典型的牌例，它出自电影《呖咕呖咕新年财》。电影中的牌例，往往刻意设计，以追求戏剧性。因此，它在现实生活中不大可能出现。但是，也正是因为它的刻意设计，使得它的典型性非常强，我们可以从中发现一定的道理。

在剧中，刘德华饰演的德华坐一方，剩下三家与之对垒，我们称其为A、B、C。抓完牌后，其他三家分别抓到4个万子对、4个条子对、4个筒子对，剩下5张单牌中有4张与另外一家的对子相碰。

A的手牌：

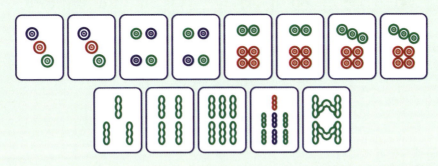

B的手牌：

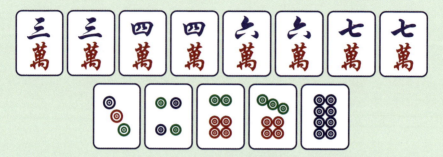

C的手牌：

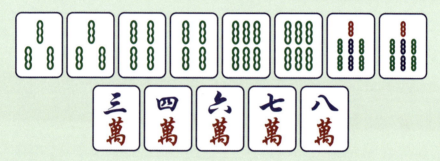

而德华的手牌：

显然，这副牌糟透了，只有3个搭子，还全是边搭。而其他人的牌势相连，极易成和，且都是大牌。牌局开始后，A首先出牌，打出三条。C开碰，打三万，B又开碰。如此循环，还没等到德华摸牌，三家早已各碰出清一色的牌。这时三家手里各扣着一张与碰

第五章　酒式打法和牌要诀

牌不同花色的序数牌八，希望通过摸调抓来一色牌，单钓将成清一色和。德华利用其贪图大牌的特点，连续打出12张序数牌。每打到序数牌八时，总会有人犹豫一下，但考虑牌局尚早，希望做成清一色，就没有和出。12张牌打出后，德华手气依旧不好，竟抓回12张完全相同的序数牌，牌姿毫无进展。而这时其他三家也终于都抓到了与本家副露相同花色的序数牌一，分别单钓一筒、一万、一条，皆为清一色大牌，同时舍出原来的八万、八条、八筒。德华针对其舍牌的情况，连续三轮打出八万、八条、八筒，当然不可能放炮，而自己这三轮也抓来了三万、三条、三筒，牌姿如下所示。

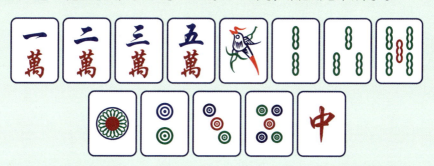

牌姿略有改观。此时摸来红中，他决定打出序数牌五，这一决定略有风险，不过若想成牌，不冒点险也是不行的。所幸无人叫听五。3张五打出后，抓来一张红中一张发财，牌姿如下所示。

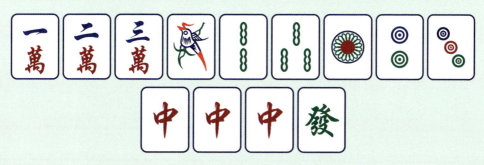

已成听牌。而且，牌墙所剩无几，三家不大可能扣字牌（还是那个道理，他们贪大牌，欲做清一色碰碰和），牌池内又不见发财，故极易和。果然，在连补两张本花后，自摸发财成和。

这个牌局在日常生活中虽不易出现，但它给我们的教益却是深刻的。三家错在贪大，碰碰和已经不错，却依仗牌姿好欲做清一色，殊不知四副倒地，单钓一张，听牌极易被看穿。而德华牌虽差，周旋余地却很大，在不放炮的情况下还能使牌姿慢慢发展，最终取得胜利。

笔者用这么大的篇幅来解读这一条，就是想提醒各位，打麻将最重要的是要赢，而不是赢多少。如果你因为只和了小牌而感到郁闷，那你就想想如果去做大牌却没有和，岂不是更郁闷？能赢就赢，能不放炮就不放炮才是长久之道。

9. 莫做春秋大梦

打牌要顺着牌姿，绝不可和规律作对。当搭子多时，可以做平和；对子多时，可以做碰碰和；有些字牌对子、序数牌花色较集中时，可以做混一色。否则还是求快和好了。就算是上面说的牌姿，也要视时而动，倘若几轮还不进张，那还是做屁和好了。至于十三幺、七星不靠、清一色、字一色之类的牌，是可遇而不可求的。假若荡张太多（一般来说超过6张就算多了），那就要做好不和的打算，跟熟张舍出。如果前几轮进展不错，还可一斗，否则就彻底拆和打臭好了。还是我们一直说的，能赢就赢，输时少输，方可长久。

10. 红黑我自任之

这是麻将游戏的精髓，虽然它与技术完全无关，但这才是打麻将的本质，即无论牌好牌坏，顺其自然，牌好勿狂喜，牌坏勿大悲。麻将说白了就是个游戏，跟打篮球、玩扑克牌、出门野餐之类的活动本质是一样的，大家开心就好，输赢都是次要的。如果你玩了几个小时牌，心情却越来越糟，那就失去了麻将作为休闲运动应有的作用。

你如果心浮气躁，只想着赢，往往会心力集中于一点，会忽视很多机会。反之，你如果把打麻将当成游戏，当成打球、野餐一样的娱乐，倒能静下心来，把胜利的可能发挥到极致。愿大家都能以一种游戏的态度对待麻将，将我国古人发明的这项益智游戏传承下去。

附录：常见麻将打法

一、北京麻将

北京麻将使用136张牌，即使用所有序数牌和字牌，不使用花牌。

和牌的方式没有限制，可以吃牌、碰牌，不必缺门，但通常在吃碰之后，只能自摸和牌，叫作"吃碰提"，也可以推倒和。

北京麻将以基本点数"翻倍"的形式来计算积分。比较常见的翻倍牌型是门清、无混儿、捉五魁（仅限于砍五万或七对听五万两种方式）、海底捞月、一条龙、七对、杠上开花、清一色、豪华七对（以一副4张的暗刻作为七对中的两对牌）等。开杠单独算积分。

北京麻将设有"百搭"牌，称为"混儿"。通常以开牌每人拿取起手牌之后的下一张牌，或者从牌墙末端固定位置上翻一张牌，以这张牌或这张牌+1（如翻出一条，则二条为混儿；翻出九筒，则一筒为混儿）作为混儿。混儿可代替任何一张自己需要之牌，但不可以用于捉五魁以及豪华七对中的暗刻，也不能用于其他牌开杠。混儿不能打出（否则本局不能和牌），也不可作为吃牌、碰牌中的牌。

北京麻将通常使用掷色子的方式确定首局庄家，庄家和牌或流局可以连庄，闲家和牌后自动转到下家坐庄。

二、上海麻将

上海麻将使用144张牌，即使用包括序数牌、字牌、花牌在内的全部牌。

上海麻将主要分为"敲麻"和"清混碰"两种玩法。

敲麻追求和牌速度，不计和牌类型，可以吃、碰、杠，听牌后必须报听才可以和牌，报听后不能换牌，有人放炮或自摸必须和牌，不可以能和不和等自摸。

清混碰则只能和清一色或混一色的牌型。如果在此基础上，恰好又是碰碰和，则积分翻倍。

上海麻将中8张花牌以及中发白都被叫作"花"，和牌时将底分和"花"的数量合在一起计算最终得分。花越多，积分越多。

上海麻将掷色子确定首局庄家，之后谁和牌谁坐庄，如遇流局庄家不变。

三、长沙麻将

长沙麻将使用108张牌，即只使用所有序数牌，不使用字牌和花牌。打法简单、节奏快速，极易和牌。

长沙麻将采用"计番"的方式来计算积分。常见的和牌型有

碰碰和、清一色、缺一色（缺门）、平和、板板和（和牌同时手上没有二、五、八点数的牌）等。

长沙麻将还添加了很多运气和牌类型，例如大四喜（起手有暗杠即可和牌）、六六顺（起手有2个暗刻即可和牌）、天和（庄家起手即形成和牌型）、地和（庄家起手打出第一张牌，闲家即和那张牌）等。

此外，长沙麻将还有"扎鸟"的规则。玩家和牌后，再摸紧跟着的牌即为鸟。鸟的计算方法为：以庄家为起点，按牌面数字逆时针计算。例如一表示庄家，二表示下家，三为对家，四为上家，依此类推。放炮时，鸟如果扎在和牌方或放炮方，即为中鸟，放炮人出双倍分数；自摸时，鸟如果扎在和牌方，即所有玩家给双倍分数；如果扎在别的玩家，只此一玩家给双倍分数。

长沙麻将掷色子确定首局庄家，之后谁和牌谁坐庄，如遇流局庄家不变。

四、四川麻将

四川麻将使用108张牌，即只使用所有序数牌，不使用字牌和花牌。

四川麻将和牌要缺一门，允许碰牌，不允许吃牌。明杠称为"刮风"，暗杠称为"下雨"。手牌如果没有缺一门则称为"花猪"，牌局结束仍没人和牌时需要查花猪，即检查每位玩家手中牌是否为缺一门，持有花猪的一家，要赔给其他家积分。

四川麻将采用"计番"的方式来计算积分。

四川麻将另有血战玩法。一局牌中，一家和牌并不立即结束牌局，而是未和的玩家继续打，直到三家和牌或剩余的玩家流局。这样先和的玩家并不一定获得最多的积分。放炮的玩家也能翻身，提高了趣味性。牌局结束，积分一并结算。

四川麻将非血战游戏首局掷色子选庄，从第二局起放炮者坐庄，遇到流局则连庄。血战玩法则每局掷色子选庄。

另有血流成河的玩法，即当某个玩家和牌后，牌局不结束，该玩家把自己和牌的那一组牌亮出来，所有玩家可以继续摸牌、和牌，直到所有的牌全部摸完打完为止。和牌者自己再一次摸到听口的和牌，或者其他家放炮，积分将继续累加给和牌者，即一个玩家可以反复和牌。

五、宁波麻将

宁波麻将使用144张牌，即使用包括序数牌、字牌、花牌在内的全部牌。

宁波麻将可以随意吃牌、碰牌。和牌时没有推倒和。采用"计番"的方式来计算积分。和牌需要大于4番。春夏秋冬，梅兰菊竹拿到自己的花算1番。

宁波麻将设有百搭，在开局时确定。开牌后，百搭为翻牌和翻牌+1，共7张（也有只限于翻牌3张的）。例如有7张百搭：开牌翻出二万，则另外的3张二万和4张三万为百搭；翻了张九筒，则另外的3张九筒和4张一筒为百搭；翻了张春，则夏、秋、冬、梅、兰、菊、竹为百搭。如果没有摸到百搭，和牌时积分可以加1番。

庄家和牌则继续坐庄。闲家和牌则让给下家坐庄。

六、天津麻将

天津麻将使用136张牌，即使用所有序数牌和字牌，不使用花牌。

天津麻将设有百搭（"混儿"），采用掷色子或翻牌的方式确定百搭牌，百搭的张数的计算与宁波麻将相似。

天津麻将常见的和牌型有提溜（小和）、混儿钓、双混儿钓、捉伍儿（相当于北京麻将捉五魁）、一条龙等牌型。打牌过程中，可以碰（杠）牌，不允许吃牌。

天津麻将和牌必须要在2番或2番以上。只能自摸或杠开和，没有放炮和。

天津麻将采用"计番"的方式来计算积分。

庄家和牌则继续坐庄。闲家和牌则让给下家坐庄。

七、长春麻将

长春麻将使用136张牌，即使用所有序数牌和字牌，不使用花牌。

长春麻将和牌必须三色全，即手牌万、条、筒三门花色都要有，同时不能缺一、九，当手牌中有字牌的时候可免一、九。和牌中必须有横（刻子），明、暗都可以。使用红中、发财、白板作将牌时可免横。和牌时只有飘和（碰碰和）允许手把一（手中只有一张立牌，钓将）。

在推倒和基础上增加旋风杠（同时拥有东南西北，亮出算一个杠）、喜杠（同时拥有中发白，亮出算一个杠）、幺九蛋（同时拥有一万、一条、一筒，亮出算一个杠；同时拥有九万、九条、九筒，亮出算一个杠）、立和等特色玩法。

庄家和牌则继续坐庄。闲家和牌则让给下家坐庄。

八、广东麻将

广东麻将使用144张牌，即使用包括序数牌、字牌、花牌在内的全部牌。

在广东麻将里分为四个派系，分别为鸡平和、推倒和、新章、老章。广东珠三角地区最流行的是"鸡平和"。鸡平和包括鸡和、平和、爆和。鸡和就是最小的和，爆和是指封顶的和。

广东麻将以"番"来计算积分，而番在这里是指2倍。通常会事先约定起和番数，小于这个番数的牌不能成和。通常不吃牌，只碰牌，而且必须自摸。

广东麻将设有百搭牌，老式麻将中设有包括财神、猫、老鼠、聚宝盆的花牌各1张，每局其他百搭牌4张，共8张。

庄家和牌则继续坐庄。闲家和牌则让给下家坐庄。

九、武汉麻将

武汉麻将使用136张牌，即使用所有序数牌和字牌，不使用花牌。

武汉麻将又称"开口翻""红中癞子杠"，没有七对和门前清，必须开口（开口即有吃碰或明杠）才能和牌。

武汉麻将设有百搭，即癞子。每局起手抓牌后，从牌墙的前面或后面翻牌，翻牌+1即为本局的癞子。癞子可开杠，也可以打出。有2张癞子时，不可小和，但可以打出其中1张癞子，再去和小和。如果翻出的是字牌，则按照"东南西北发白"的顺序轮转，"中"是不作为癞子的，例如，翻出了"北"，则"发"是癞子。

武汉麻将的核心是二五八。和牌时，除风一色、将一色、碰碰胡、清一色以外，将牌的数字必须是二五八，比如二万、五条、八筒等。其中，风一色和将一色为"乱风乱将"，只要手上14张牌全是风牌（东南西北发白，"中"不算风）或将牌（二五八）就能和牌，不限各自张数。

武汉麻将按照"计番"的形式计算积分，番的数量由开口数、杠数、癞子、和牌型等决定，计算比较复杂，通常设有上限。

庄家和牌则继续坐庄。闲家和牌则让给下家坐庄。

十、台湾麻将

台湾麻将使用144张牌，即使用包括序数牌、字牌、花牌在内的全部牌。

游戏时，手牌为16张，和牌时在无杠的状态下有17张牌，即需要5副顺子（或刻子、杠）与1对将。

台湾麻将不设百搭，允许吃、碰、杠，和牌没有限制。

台湾麻将按照"计台"（"台"即"番"）的形式计算积分，计台的项目很多。持续坐庄时，庄家和牌或者闲家和庄家放炮，要计算庄家连庄的局数，按照"连庄拉庄"数来计算台数，输赢积分浮动较大。

庄家和牌则继续坐庄，闲家和牌则让给下家坐庄。

以上为笔者收集的不同地区常见的麻将打法。由于各地麻将玩法极多，相互之间也在不断吸收有趣的、更符合现代节奏的打法，所以各地实际打法与上述打法也会有所不同，这里仅作参考。

祝各位麻将爱好者玩得尽兴。